AF286242

Kaiser Lothar III.

Heinz Hüner

Kaiser Lothar III.

Ein Domführer erzählt

Bibliografische Information der Deutschen Nationalbibliothek:
Die Deutsche Nationalbibliothek verzeichnet diese Publikation in der
Deutschen Nationalbibliografie; detaillierte bibliografische Daten
sind im Internet über http://dnb.d-nb.de abrufbar.

© 2009

Herstellung und Verlag: Books on Demand GmbH, Norderstedt

ISBN: 9783837038743

Lothar von Supplinburg. Siegel von 1134

Vorwort

Zeitgleich mit meinem Rentenbeginn suchte die Stadt Königslutter Domführer für den Kaiserdom. Ich habe mich sofort zur Verfügung gestellt. Diese Kirche hat mich schon als Kind begeistert. Bei den Domführungen wurde von Besuchern häufig nach dem Kaiser Lothar gefragt, der ja im Dom beerdigt ist. Nun hatte ich in meiner Schulzeit einen intensiven Geschichtsunterricht, so dass ich einiges über diesen Kaiser wusste. Trotzdem merkte ich sehr schnell, dass dieses Schulwissen nicht ausreichte.

Es kamen ja nicht nur „normale Dombesucher", sondern Schulkollegien der verschiedensten Schulformen, Geschichtsvereine aus ganz Deutschland und auch Seminare und Institute von Universitäten.

In einem langen Winter hat mir die Stadtbücherei alle Werke beschafft, die über den Kaiser Lothar vorhanden waren. Aus all diesen Büchern habe ich ein Konzept entwickelt, mit dem ich bisher gut ausgekommen bin.

Dieses Konzept möchte ich hier vorstellen.

Die Erzählung erhebt keinen Anspruch auf Vollständigkeit oder historische Genauigkeit, dazu fehlen dem Verfasser alle Voraussetzungen.

Königslutter, im Mai 2009

Ansicht von Südosten mit Apsis, Chor und Vierungsturm

Heute soll über einen Mann berichtet werden, der als Sohn eines Grafen geboren wurde. In einer unvergleichlichen Karriere wurde er zum König der Deutschen gewählt. Einige Jahre später hat ihn Papst Innocenz in Rom zum höchsten weltlich christlichen Repräsentanten des mittelalterlichen Abendlandes, zum Römischen Kaiser gekrönt: Die Rede ist von Kaiser Lothar dem III.

Er wurde in Süpplingenburg geboren. Nachdem er König wurde, hat er die elterliche Burg an den Templer-Orden verschenkt und seinen Wohnsitz nach Lutter verlegt. Im Kaiserdom von Königslutter ist er beerdigt.

Von der Burg ist nichts mehr vorhanden. Sie war auf einer Sanddüne in einem Sumpfgebiet gebaut und vor Angriffen natürlich geschützt. Da es aber eine Fachwerkburg war, ist sie später zerfallen. Auf dem Burggelände steht noch die Johanniskapelle, die alle Zeiten überdauert hat. Im Vorraum dieser Kapelle kann man eine Rekonstruktion der Burg im Modell sehen.

Wenn vom Kaiser erzählt wird, muss mit dem Kaiserdom begonnen werden:

Allein dieses Bauwerk sichert ihm einen besonderen Rang unter den deutschen Herrschern des Mittelalters. Er ließ diese Kirche als Grabeskirche bauen. Der Bauplatz am Nordhang des Elmes, der ersten Erhebung aus der norddeutschen Tiefebene, ist klug gewählt. Von weither ist sie zu sehen. Ungefähr 30 – 40 Jahre betrug die Bauzeit.

8

Clemens von Brentano, der Dichter der Romantik, sprach mit Blick auf die drei Türme der Kirche von „Kronenwächtern".

Kaiserdom heißt die Kirche seit etwa 1900. Kantor Lüders hat den Namen wahrscheinlich geprägt. Er wohnte in dem alten Fachwerkhaus gegenüber der Kirche und war Ehrenbürger der Stadt Königslutter.

Der richtige Name ist Stiftskirche oder Peter- und Pauls-Kirche, nach den zwei Schutzheiligen des Domes. Im Mittelalter hieß die Kirche auch noch Münster oder Munster, wie man damals sagte.

Unter den riesigen, ruhigen Gewölben des Domes wurde Lothar beigesetzt. Er liegt dort in einem Dreiergrab neben seiner Gemahlin Richenza, einer geborenen Gräfin von Nordheim und seinem Schwiegersohn, dem Bayernherzog Heinrich dem Stolzen, dem Welfen. Heinrich war der Ehemann der einzigen Kaisertochter Gertrud. Aus dieser Ehe ist Heinrich der Löwe entstanden.

Mit der Ruhe des Kaisers in dieser Kirche war es nicht weit her. So unruhig der Verlauf seines Lebens war, so wurde auch seine Grabesruhe immer wieder gestört.

1620, zu Beginn des dreißigjährigen Krieges, war es der luttersche Landdrost Joachim von der Streithorst, der das Grab öffnete. Er hoffte, in einem Kaisergrab große Schätze zu finden und wurde enttäuscht.

Er fand nur das kaiserliche Schwert, den Reichsapfel und zwar nicht das Original aus Gold, sondern eine Nachbildung aus Blei, einige Hostienbehälter und Silberbecher und eine Bleiplatte in der Größe 19x20 cm. Auf dieser Platte waren in lateinischer Sprache die Worte eingeritzt:

„Lothar, von Gottes Gnaden erhabener, römischer Kaiser, regierte 12 Jahre, 3 Monate, 12 Tage. Er starb am 4. Dezember 1137, als ein in Christo sehr getreuer Mann, wahrhaft, beständig, friedfertig, unerschrocken als Kriegsmann, auf der Rückkehr von Apulien, nachdem er die Sarazenen getötet und vertrieben hatte."

Diese Grabbeigaben, bis auf das Schwert, welches verloren gegangen ist, kann man heute noch in der Burg Dankwarderode in Braunschweig in der Ausstellung „Kunst des Mittelalters" sehen. Die zweite Störung der Grabesruhe erfolgte 1640. Die Decke des Langhauses stürzte ein und soll die Original-Grabplatte des Kaisergrabes zerschlagen haben. Die Reste kann man heute unter dem Tonnengewölbe der ehemaligen Taufkapelle sehen.

Die Kirchendecke soll eingestürzt sein, weil die Einwohner von Königslutter im dreißigjährigen Krieg ihr Viehzeug, um es dem Zugriff der Soldaten zu entziehen, über die Wendeltreppe in einem der Westtürme auf die Holzdecke des Langhauses getrieben haben.

Kaiserin Richenza, Kaiser Lothar III., Herzog Heinrich der Stolze
Grabmal Michael Helwigs von 1708

Die jetzt vorhandene Decke wurde 1693 vom lutterschen Baumeister Wendt eingezogen, dessen Nachkommen heute noch in unserer Stadt wohnen.

Die prächtige, barocke Grabplatte, die jetzt im Dom zu sehen ist, wurde 1708 im Auftrage des Abtes Fabricius vom Helmstedter Stuckateur Hellwig geschaffen.

Die dritte Graböffnung fand 1978 statt. Bei der Renovierung des Domes wurden alle drei Gräber nochmals geöffnet. Es gab zwar in weiten Bevölkerungskreisen Unverständnis dafür, da man ja kaum weltbewegende wissenschaftliche Erkenntnisse erwarten konnte. Die Öffnung wurde trotzdem durchgeführt, zumal der Kaiser selbst nicht dagegen protestieren konnte.

Im Grab der Kaiserin fand man eine Grabkrone aus Blei. Im Sarg des Kaisers war nur noch das Skelett vorhanden. Es wurde vermessen, es war 178 cm groß. Der Kaiser muss zu Lebzeiten über 180 cm groß gewesen sein und war damit in seiner Zeit ein Riese. Die Leute waren damals deutlich kleiner. Vielleicht ist allein auf diese imponierende Erscheinung ein Teil seiner militärischen und politischen Erfolge zurückzuführen.

Wer war nun dieser Kaiser Lothar, von dem in der deutschen Geschichtsschreibung recht wenig zu lesen ist ? Man liest dort von einem Zwischenkaiser, ja von einem Pfaffenkaiser.

Die heutige Geschichtsschreibung ist dabei, ein wesentlich positiveres Bild dieses Herrschers zu entwerfen. Zwischenkaiser könnte man noch gelten lassen. Er regierte zwischen den mittelalterlichen Herrschergeschlechtern der Salier und Staufer.

Lothar entstammt einem alten, sächsischen Adelsgeschlecht. Sein Vater war der Graf Gebhardt von Süpplingenburg, seine Mutter eine geborene von Formbach, aus bayrischen Adel, deren Mutter eine von Haldensleben. Seine weiteren Vorfahren waren die Grafen von Haldensleben und die Edlen von Querfurth. Die Tragik seines Lebens bestand darin, dass er keinen Sohn hatte. Er wollte zwar seinen Schwiegersohn Heinrich den Stolzen als seinen Nachfolger aufbauen, das scheiterte jedoch an der Persönlichkeit des Welfen und am Widerstand der Kirche. Doch darüber später mehr.

Bei der Öffnung der Gräber 1978 fand man noch ein Kindergrab. Darin war ein ungefähr zehnjähriger Junge beerdigt, wahrscheinlich der Erstgeborene des Kaiserpaares.

„Er war ein Großer, mutig und unerschrocken", so urteilt Otto von Freising in seiner Weltchronik. Dieser war der Geschichtsschreiber der Staufer, also kein Freund der Sachsen.

Das Leben Kaiser Lothars lag im 11. Und 12. Jahrhundert. Eine Zeit, die von tiefer Religiosität geprägt war, in der gleichzeitig nackte Gewalt herrschte. Politisch wurde diese Periode durch den Kampf der Päpste gegen das Kaisertum beeinflusst; ein Kampf, der eigentlich unverständlich ist. Papst Leo hatte im Jahre 800 in Rom dem deutschen König Karl, dem späteren Karl dem Großen, die Kaiserkrone aufgesetzt und damit das Kaisertum neuerer Zeitrechnung begründet. Im Laufe der nächsten Jahrhunderte gab es immer wieder Konflikte zwischen Papst und Kaiser, deren Höhepunkt die Zeit Heinrich des IV. war, der vom Papst Gregor dem VII. in den Kirchenbann getan wurde und sich als Büßer mit dem Gang nach Canossa vom Bann befreien musste.

Wie wird so ein Kirchenbann wirksam:

Um Mitternacht bildet sich ein Kreis von zwölf Mönchen. Jeder trägt eine brennende Fackel. In diesen Kreis tritt die Persönlichkeit, die den Bann in alle vier Himmelsrichtungen ausspricht. Die Mönche stoßen ihre Fackeln in die Erde und der Bann beginnt.

Die politische Wirkung war verheerend. Alle Christen waren der Gehorsamspflicht gegenüber dem Gebannten entbunden.

In diese turbulente Zeit wurde Lothar hineingeboren. Man nimmt an, dass er 1075 geboren wurde, da sein Vater, der Graf Gebhardt, im Jahre 1075 im Kampf gegen Kaiser Heinrich den IV. in Homburg an der Unstrut erschlagen wurde.

In einer Beschreibung über die Schlacht bei Homburg heißt es:

Das sächsische Heer war überwiegend ein Bauernheer. Die Krieger hatten teilweise ihr Vieh und ihre Frauen dabei. Im sächsischen Lager wurde gefeiert. Kundschafter störten die Feier mit dem Ruf: „Der Feind ist im Anmarsch." Dann heißt es weiter: Wutbrüllend sprangen die Sachsen auf ihre Pferde und ritten dem Feind entgegen. Als sie auf Wurfweite heran waren, schleuderten sie ihre Speere. Dann zogen sie ihre Schwerter, jeder hatte meistens zwei am Gürtel und die Metzelei begann. Zunächst sah es sehr gut für die Sachsen aus. Doch dann erschien auf dem Schlachtfeld zur Verstärkung der Kaiserlichen ein schwäbisches Heer. Die Sachsen erlitten eine furchtbare Niederlage. Man zählte über 5 000 erschlagene Krieger, darunter der Graf Gebhardt von Süpplingenburg.

Aus der Jugend Lothars ist wenig bekannt. Er wurde von der Mutter und der Großmutter erzogen. Man darf aber davon ausgehen, dass die Frauen den Jungen nicht gerade zur Treue dem salischen Kaiserhaus gegenüber erzogen haben, nachdem der Vater im Kampf gegen dieses Geschlecht erschlagen wurde. Lothar war sehr fromm. Er ließ sich zwei- bis dreimal täglich die Messe lesen. Er war bedächtig und schweigsam. Sein Name wurde erstmalig 1088 genannt. Er muss ungefähr dreizehn Jahre alt gewesen sein. Unter der Führung Eckberts von Meißen, eines Onkels von Lothar, gab es wieder einen Sachsenaufstand gegen den König und Kaiser

Heinrich den IV. An diesem Aufstand nahm auch Lothar teil.

Die Heere der Sachsen und des Kaisers hatten ihre Lager aufgeschlagen. Es war kurz vor Weihnachten. Im kaiserlichen Heer brach Unruhe aus. Die Herren wollten das Weihnachtsfest in ihren Burgen verbringen und nicht im kalten Feldlager. In diese Auflösungserscheinungen stieß ein Angriff der Sachsen. Im kaiserlichen Heer kam es zum Chaos und die Sachsen errangen einen Sieg.

In diesem Kampf nahm Lothar den Erzbischof von Bremen gefangen. Der Bremer war der mächtigste, geistliche Herr des Nordens. Gegen Zahlung eines Lösegeldes von dreihundert Silbertalern kam er frei, eine für die damalige Zeit sehr große Summe. Außerdem musste der Erzbischof die Vogtei des Bistums an Lothar übertragen und das bedeutete einen weiteren Machtzuwachs für Lothar, für die Sachsen.

Viele Historiker bezweifeln diese Darstellung, da man einem dreizehnjährigen Jungen eine solche politische Übersicht nicht zutraut. Aber Lothar war ein besonderer Mensch und außerdem kann er Berater gehabt haben.

Eine Episode aus diesem Kampf soll zeigen, mit welcher Härte und Grausamkeit diese Kriege geführt wurden:

Im kaiserlichen Heer war der Bischof von Lugano der Träger der Heiligen Lanze. Die Lanze war eines der Reichsinsignien. Im Verlaufe des

Kampfes wurde der Bischof vom Pferd geschlagen und bedeckte mit seinem geweihten Körper das Reichskleinod. Er wurde von den Sachsen erschlagen und die Lanze als Kriegsbeute von Ekbert mitgeführt. Dieser wurde danach vom Kaiser in die Reichsacht getan und von Unbekannten in einer Mühle erschlagen.

Zu den Reichsinsignien gehörte:
Krone
Zepter
Schwert
Reichsapfel
Heilige Lanze
Ring
Von den genannten Insignien ist nur noch die Krone vorhanden. Sie wird in Wien aufbewahrt.

1106 wurde Lothar Herzog von Sachsen. Er wurde wahrscheinlich Herzog, weil er dem deutschen König Heinrich dem V., im Kampf gegen dessen eigenen Vater Heinrich dem IV. um die vorzeitige Übernahme der Krone, geholfen hatte.

1113 fand die Hochzeit zwischen Herzog Lothar und Richenza statt, einer geborenen Gräfin von Northeim. Richenza war 15 Jahre jünger als Lothar. Durch diese Ehe erhielt Lothar einen beträchtlichen Machtzuwachs.

Der Kampf der Sachsen gegen das salische Königshaus flammte immer wieder auf. 1114 wurde Lothar vom König als Herzog abgesetzt und Albrecht der Bär wurde Herzog von Sachsen.

Im gleichen Jahr feierte König und Kaiser Heinrich der V. Hochzeit mit der englischen Königstochter Mathilde. Sie war zwölf Jahre alt und eine Enkelin des großen Normannen William the Conquerer. Die Hochzeit wurde in Mainz gefeiert.
Auf dieser Hochzeitsfeier ist der abgesetzte Herzog Lothar als Büßer erschienen. Dazu musste er barfuß kommen, mit einem Sack um die Schultern, Asche auf dem Kopf. Er musste vor dem Kaiser auf die Knie fallen und zum Ausdruck bringen, dass er sein Handeln bereue. Bei einem solchen Benehmen musste, nach dem Ehrenkodex der damaligen Zeit, die Buße gewährt werden. Er wurde wieder Herzog. Mit dieser Bußübung hat er also den Kaiser erpresst. Aber so etwas war im Mittelalter üblich. Die neue Freundschaft, die offensichtlich zwischen dem neuen Herzog und dem König auf dieser Feier geschlossen wurde, hielt nicht lange. Bereits im nächsten Jahr (1115) hat Lothar mit seinen Sachsen das kaiserliche Heer am Welfesholz bei Hettstedt vernichtend geschlagen. Seither galt Lothar als unbesiegbar im Felde und der deutsche König hatte in Sachsen nichts mehr zu melden, er durfte Sachsen nicht einmal mehr betreten.

Am Ort der Schlacht steht heute noch ein Gedenkstein, der an den Sieg der Sachsen über das kaiserliche Heer erinnert. Auch aus dieser Schlacht eine kleine Geschichte: Es gab noch den Zweikampf der Heerführer vor der Schlacht. Die Heere standen sich auf Sichtweite gegenüber. Der kaiserliche Feldherr Hayo von Mannsfeld sprang vom Pferd, lief zur Mitte, zog das Schwert und erwartete den Gegner. Vom Sachsenheer kam nicht der Herzog, er schickte Herrn von Groitsch, da dieser noch eine Rechnung mit Mannsfeld offen hatte. Der Zweikampf begann und von Mannsfeld wurde erschlagen.

1125 wurde Herzog Lothar in Mainz zum König der Deutschen gewählt. Die Wahl war nötig, da der letzte deutsche König, der Salier Heinrich der V., kinderlos gestorben war. Nach der Reichsverfassung musste daher ein neuer König gewählt werden. Die Königswahl fand in Mainz statt. Der Leiter der Wahl war der Erzbischof Adalbert von Mainz. Zu dieser Königswahl kamen 60 000 Männer. Man muss sich diese Zahl einmal vorstellen: Im 12. Jahrhundert kommen aus ganz Deutschland zu Fuß und zu Pferde 60 000 Männer nach Mainz, um einen neuen König zu wählen. Zur Wahl kamen auch zwei Legaten des Papstes Honorius des II. und der Abt von St. Denis im Auftrage des französischen Königs.

Einer der Legaten eröffnete die Wahlversammlung. Die Wahlversammlung wurde also nicht von einem deutschen Erzbischof oder einem Herzog eröffnet, sondern vom Legaten des Papstes; der Einfluss von Rom war groß. Aber auch der Abt von St. Denis war ein bedeutender Mann. Er schickte seinen König auf einen Kreuzzug und regierte in dessen Abwesenheit das Land. Er entwässerte die Ebene um Paris und machte dadurch den Bau der Hauptstadt überhaupt möglich. Er erhob die Forderung: „Lasst Licht in die Kirchen" und ist damit der geistige Begründer der Gotik.

Nach germanischem Brauch fand die Königswahl durch Zuruf aus der Volksversammlung statt. Bei dieser hohen Wahlbeteiligung ging das jedoch nicht mehr und man fand einen anderen Wahlmodus:

Aus den deutschen Stämmen Bayern, Franken, Sachsen und Schwaben wurde je 10 Wahlmänner nominiert und diese 40 Persönlichkeiten sollten den König wählen. Es waren vier Bewerber:

Friedrich von Schwaben (kriegstüchtig, jung),
Markgraf Luitpold von Österreich,
Herzog Lothar von Sachsen,
Herzog von Flandern.

Der Letztere schied freiwillig aus, da er gleichzeitig Lehnsmann des französischen Königs war. Luitpold von Bayern bat, wegen seines Alters, kniefällig um Verzicht.

Auch Lothar bat, ihn nicht zu wählen. Dies war Sitte im Mittelalter. Die Wahl fiel jedoch auf Herzog Lothar von Sachsen. Friedrich von Schwaben, der Staufer, fiel bei der Wahl durch.

Lothar wurde wahrscheinlich König, weil er schon 50 Jahre alt war und das war ein hohes Alter. Die Lebenserwartung lag bei 35 – 37 Jahre. Er wurde wahrscheinlich auch König, weil er keinen Sohn hatte. Er konnte also keine Dynastie begründen. Die Königsmacher, die Erzbischöfe und die Herzöge waren nicht an einer starken, langlebigen Königsfamilie interessiert.

Der Hauptgrund für die Wahl Lothars wird aber in der geschickten Verhandlungsführung des Wahlleiters Adalbert von Mainz gelegen haben. Vor seiner Bischofszeit war Adalbert Kanzler des deutschen Königs Heinrich des V. Als der Papst in Rom Schwierigkeiten bei der Kaiserkrönung Heinrich des V. machte, hat ihm sein Kanzler Adalbert geraten, den Papst und einige Kardinäle in den Kerker zu werfen. Danach lenkte der Papst ein und es kam zur Kaiserkrönung. Später kam es zum Streit zwischen König und Kanzler und der König steckte nunmehr seinen Kanzler in den Kerker. Erst nach einer Meuterei der Bürger von Mainz kam er nach längerer Zeit wieder frei, wie es hieß, um einige Pfunde leichter. Der nunmehrige Erzbischof Adalbert hatte also den letzten salischen König Heinrich in schlechter Erinnerung. Friedrich von Schwaben war ein Verwandter und Vertrauter des letzten Königs gewesen. Heinrich hatte vor seinem Tod den Schwaben zum Beschützer seiner Frau ernannt. Die Königin hatte auch die Reichsinsignien in Verwahrung. Friedrich von Schwaben fühlte sich als designierter Nachfolger des Königs und sah die Wahl nur als eine Formsache an. Das Wahlvolk wurde unruhig. Man verlangte eine Entscheidung. Rufe wurden laut: „Lothar soll König werden." Lothar wurde auf die Schultern genommen und in den Saal der Wahlmänner getragen. Lothar hat sich für diese Tat entschuldigt. Der Wahlleiter fragte die zwei verbliebenen Kandidaten vor den Wahlmännern, ob sie sich vorbehaltlos dem Spruch des Wahlgremiums fügen würden. Lothar sagte sofort zu. Friedrich bat um Bedenkzeit. Dieses Zögern wird ihn die Krone gekostet haben. Am nächsten Tag wurde Lothar gewählt. Adalbert hatte sein Ziel erreicht, er hatte die Reaktion des Schwaben richtig eingeschätzt. Er war zwar auch kein Freund von Lothar, aber dieser schien ihm das kleinere Übel. Mit dem Spruch: „Ich kiere meinen Herrn und König zum Richter und Verteidiger des Reiches, Herzog Lothar" wurde Lothar König. Danach wurde ein Reichsfrieden verkündet, den auch Friedrich von Schwaben beschwor.

Lothar hat bei der Wahl ein wenig nachgeholfen. Er hat zwar vor den Wahlmännern auf den Knien gelegen und mit Tränen in den Augen gebeten:

„Erlasst mir diese schwere Bürde", aber hinter den Kulissen hat er schon dafür gesorgt, dass er König wurde.
Er hat dem Herzog von Bayern, Heinrich dem Schwarzen, dem Vater des im Kaiserdom beerdigten Heinrich des Stolzen, seine zehnjährige Tochter Gertrud als Schwiegertochter versprochen, wenn der Bayer mit seinen zehn Wahlmännern ihm die Stimme geben würde. Der Bayer ging darauf ein und Lothar wurde König. Das Kuriose daran war, dass Friedrich von Schwaben, der Mitbewerber um die Königswahl, der Schwiegersohn des Bayern war. Dieser hat also nicht seinem Schwiegersohn die Stimme gegeben, um damit seine Tochter zur Königin zu machen, sondern dem Sachsen. In der ganz nüchternen Überlegung: Lothar ist schon 50 Jahre alt und wird nicht mehr lange leben. Danach wird Heinrich der Stolze als Schwiegersohn Herzog von Bayern und Sachsen, ist damit der mächtigste Mann im Reich und kann bei der nächsten Königswahl nicht übergangen werden. Eine ganz nüchterne Machtpolitik. Die Rechnung ging zwar nicht auf, aber das hat man damals noch nicht wissen können.

Die Königskrönung fand am 13.9.1125 in Aachen statt. Es war eine aus Tradition gewachsene, eindrucksvolle Zeremonie:
Der Erzbischof führt Lothar in die Kirche und zum Altar.

Lothar legt den Mantel ab und kniet nieder.
Vor ihm schimmern Krone, Zepter und Schwert.

Lothar gelobt: „Den rechten Glauben zu wahren
und zu verteidigen, die Kirche zu schützen, das
Reich nach dem Recht der Väter zu verwalten."

Der Kanzler fragt das Volk, ob es dem Fürsten
gehorsam sein wolle?
Die Antwort war: „So sei es, Amen."
Der Erzbischof salbt den Fürsten, legt ihm das
Schwert in die Hand, breitet den Mantel um seine
Schultern, heftet die Armspangen an, reicht ihm
Siegelring, Zepter und Stab und setzt ihm die
leuchtende Krone auf.
Der Gesang in der Kirche wird stärker.
Der Erzbischof führt Lothar zum Stuhl des
Reichsgründers Karl und verpflichtet ihn: „Nach
vererbtem Recht, durch die Weihe der Kirche sei
Lothar erhoben, um als Christi Stellvertreter zu
herrschen."

Hier sei noch angemerkt, dass der einzige
deutsche König des Mittelalters, der diese
kirchliche Krönungszeremonie ablehnte, Heinrich
der I. war, der Begründer des 1. Deutschen
Reiches. Ihm genügte die Fürsten- und Volkswahl.
Der letzte lebende Monarch, der auf diesem Stuhl
des Reichsgründers Karl des Großen gesessen
hat, war die englische Königin.

Bei ihrem Staatsbesuch in Deutschland vor einigen Jahren wurde sie vom Erzbischof zu diesem Stuhl geführt mit der Bitte, einen Augenblick darauf zu verweilen.

Im Deutschen Reich des Mittelalters gab es keine Hauptstadt. Der König musste ständig unterwegs sein, um immer wieder seine Macht zu demonstrieren. Zu diesem Zwecke gab es Pfalzen, die an den verschiedenen Orten des Reiches als Unterkunft dienten. Der Hof des Königs bestand aus Kanzlei, Kapelle und königlicher Kurie. Er regierte auf Reichs- und Hoftagen.
Der Anteil Lothars an den politischen Entscheidungen ist nicht mehr festzustellen. Seine Politik war die seiner Ratgeber. Zum Gefolge Lothars gehörte auch ein Herr von Veltheim/Elm. Die Nachkommen wohnen heute noch in Destedt/Elm.
Lothar hatte keinen Kanzler. Der letzte Kanzler des Reiches, der nunmehrige Erzbischof Adalbert von Mainz, hatte seine Pfründe nicht zurückgegeben. Einen Kampf mit diesem Mächtigen konnte sich Lothar am Beginn seiner Regierung nicht leisten. Zudem hatte Adalbert ihn bei der Königswahl favorisiert.

Nach der Verkündung des Reichsfriedens kam es zum Kampf mit den Staufern. Der durchgefallene Mitbewerber um die Königswahl, Friedrich von Schwaben, hatte zwar den Reichsfrieden beschworen, aber sein Bruder Konrad begann den Kampf. Die Schwaben nahmen an keiner Reichsversammlung teil. Der Kampf dauerte 10 Jahre.

1126 gab es Krieg mit Böhmen. Der Herrscher Böhmens war verstorben und zwei Verwandte stritten um die Nachfolge: Sobeslaw und Otto von Mähren. Sobeslaw vertrieb Otto aus Böhmen. Dieser erschien vor Lothars Thron und bat um Hilfe. Ein neuer Herrscher Böhmens konnte nur mit der Einwilligung des deutschen Königs eingesetzt werden. Lothar lud Sobeslaw vor seinen Thron, dieser kam nicht und Lothar musste handeln.
Otto von Mähren redete dem König ein, die Böhmen würden nach einem Einfall zum König und zu ihm überlaufen. Es wurde kurzfristig ein Feldzug nach Böhmen beschlossen. Das deutsche Heer war klein, 1 500 Krieger, alles Sachsen. In einer Beschreibung über diesen Feldzug heißt es:
„Es war so kalt, dass die Vögel erfroren von den Bäumen fielen, das böhmische Gebirge war tief verschneit." Mit großen Schwierigkeiten wurde der Marsch durch den Böhmerwald begonnen. Die Böhmen traten mit erheblicher Überlegenheit auf, man sprach von 20 000 Kriegern. In besserer Kenntnis des Geländes legten sie einen Hinterhalt. Bei Kulm kam es zur Schlacht. Das deutsche Heer konnte sich wegen der Schneeberge nicht entwickeln.

Über 500 sächsische Edelleute wurden erschlagen.
Man zählte in Sachsen noch jahrhundertelang die Zeit „…so viel Jahre nach der Schlacht bei Kulm".
Lothar kam mit dem Rest des Heeres in ernste Bedrängnis und zog sich auf einen Hügel zurück. Herr von Groitsch, ein Schwager des Böhmen Sobeslaw, wurde als Unterhändler geschickt. Man einigte sich, der Kampf wurde beendet, zumal Otto von Mähren im Kampf erschlagen wurde. Es kam zum Treffen des Sobeslaw mit Lothar und dabei geschah etwas Einmaliges: Als sich die beiden Heerführer gegenüber standen, Sobeslaw der Sieger und Lothar der Besiegte, fiel Sobeslaw vor Lothar auf die Knie und bat um Gnade.
Wie ist eine solche Haltung zu erklären? Es wird ein Großteil politischer Klugheit mitgewirkt haben. Sobeslaw wusste, der Deutsche kommt wieder, eine solche Niederlage kann er nicht hinnehmen. Vielleicht hat aber auch die Persönlichkeit und die körperliche Größe Lothars eine Rolle gespielt – man kann darüber nur Vermutungen anstellen.
Nach diesem Treffen war Sobeslaw der treueste Verbündete Lothars und hat alle kriegerischen Unternehmen des Königs mit seinen Kriegern unterstützt. Außerdem zahlte er Bußgelder für die erschlagenen sächsischen Edelleute.
Lothar war Taufpate für die Kinder des Böhmen. Später verzichtete er auf die militärische Unterstützung, da die böhmischen Krieger zwar

verwegene Kämpfer, aber noch größere Räuber waren.

Durch die Schlacht von Kulm ging der Nimbus der Unbesiegbarkeit von Lothar verloren.

Der König war nun ständig unterwegs und seine Frau begleitete ihn. Der König sprach von seiner Frau als von „seiner süßen Gemahlin". Nach der Geburt der Tochter Gertrud sollen sie aber aus Frömmigkeit nicht mehr als Eheleute zusammen gelebt haben.

1128 traf Lothar erstmalig Papst Innozenz den II. und leistete dabei den Bügeldienst, d.h. er half dem Papst vom Pferde. Diese Handlung wurde ihm von den Historikern immer wieder zum Vorwurf gemacht, ist aber allein aus seiner tiefen Frömmigkeit zu erklären. Dass Kaiser Barbarossa den gleichen Dienst geleistet hat, wurde als politische Klugheit erklärt.

1133 wurde Lothar von Papst Innozenz den II. in Rom in der Lateranbasilika zum Kaiser gekrönt, zum Kaiser des Heiligen Römischen Reiches deutscher Nation. Diese Staatenverbindung, von der ein großer Historiker einmal gesagt hat, sie sei weder römisch, noch heilig, noch deutsch gewesen. Aber die deutschen Könige des Mittelalters waren erst dann zufrieden, wenn sie in Rom die Kaiserkrönung erreicht hatten. Vielleicht, weil damit ein kleiner Abglanz des

einstigen römischen Imperiums nach Deutschland gelangte.
Es hingen aber auch handfeste merkantile Interessen daran. Die großen Warenströme des Mittelalters liefen vielfach über die Hafenstädte der Lombardei. Allein Venedig war eine Weltmacht durch diesen Handel. Es war schon wichtig, in Italien präsent zu sein, um an diesem Handel teilzuhaben.
Es gab aber noch einen anderen Grund: Mit der Kaiserkrönung erfolgte die Belehnung mit den Mathildischen Gütern. Aus diesen Gütern, die in der Hauptsache in der Toskana lagen, schöpften die deutschen Könige einen Großteil ihres Finanzbedarfes. Diese Güter stammten von Mathilde von Tuscien. Sie war eine Deutsche und in erster Ehe mit dem Herzog von Lothringen, dem Buckligen, verheiratet gewesen. Man sagte ihr ein Verhältnis mit Papst Gregor dem VII. nach. In ihrer Burg Canossa fand die Begegnung zwischen dem Papst und dem deutschen König Heinrich den IV. statt, wo der König als Büßer erscheinen musste, um sich vom Bann zu befreien. Nach ihrem Tode vermachte sie ihr riesiges Vermögen, die Mathildischen Güter, der Kirche.
Der Papst machte mit der Belehnung dieser Güter an den Kaiser einen klugen Schachzug. Der Kaiser wurde, wenn auch nur nominell, zu seinem Lehnsmann. Der Papst ließ ein lebensgroßes Ölbild malen, worauf der Kaiser vor dem Papst

kniet, um das Lehen zu empfangen. Kaiser
Barbarossa ließ das Bild vernichten.

1135 baute Lothar seine Kirche in Lutter, als
Siegeszeichen, als Repräsentationsbau und als
Grabeskirche. Er hatte zwar in der herzoglichen
Kapelle in Süpplingenburg, der Johanniskapelle,
eine Krypta für sich vorgesehen; nachdem er
König und Kaiser geworden war, folgte er aber
dem Beispiel seiner Vorgänger, die in Speyer,
Mainz, Magdeburg und Aachen ihre
Grabeskirchen erbauten. Die Vollendung der
Kirche hat er nicht mehr erlebt.
Bereits zwei Jahre nach der Grundsteinlegung ist
er am 4. Dezember 1137 auf der Rückkehr vom
zweiten Italienzug in Breitenwang in Tirol in den
Armen des Bischofs Rudolf von Halberstadt in
einer Holzhütte gestorben.
Vor seinem Tod hat er seinen Schwiegersohn
Heinrich den Stolzen zu seinem Nachfolger
ernannt und ihm die Reichsinsignien übergeben.
Der Herzog wurde aber nicht König. Er hatte
wenig Freunde im Reich. Während des zweiten
Italienzuges hatte er sich mehrfach mit dem
Papst überworfen. Der Streit zwischen Papst und
den deutschen Rittern ging so weit, dass die
Deutschen in Bari den Papst und einige Kardinäle
erschlagen wollten. Nur dadurch, dass der Kaiser
zwischen die streitenden Gruppen ritt, soll diese
Bluttat verhindert worden sein; es waren
dramatische Tage.

Der Kaiser war kaum tot, da wurden vom Papst schon die Fäden nach Deutschland gesponnen. In einer vorgezogenen Wahl, heute würde man von einem Wahlbetrug sprechen, wurde der Schwabenherzog Konrad von Staufen zum Deutschen König gewählt. Der Wahlleiter war Bischof Albero, ein Franzose. Die Kaiserinwitwe und Herzog Heinrich wehrten sich gegen diese Wahl. Es kam zum Kampf. Doch der Herzog verstarb plötzlich 1139 in Quedlinburg und damit waren die Staufer an der Macht und mit der sächsischen Königsherrlichkeit war es wieder vorbei. Es gab das Gerücht, Herzog Heinrich sei vergiftet worden, da er so plötzlich verstarb. Historisch ist ein solches Verbrechen nicht nachzuweisen.

In der Silvesternacht 1137 wurde Lothar in der unvollendeten Kirche in Lutter beigesetzt. Zur Erinnerung an diese Beisetzung wird im Silvestergottesdienst der Rest des Domschatzes, ein Bergkristallleuchter, in die Kirche getragen und am Grabe Lothars angezündet.

Die Herrschaft Lothars war der Versuch, das sächsische Königtum im Sinne Ottos des Großen wieder herzustellen und für seinen Schwiegersohn Heinrich, dem Welfen, vorzubereiten. Beim Gelingen dieses Planes mit der Machtfülle des Welfen, wäre ein starkes Königtum mit Zentralgewalt entstanden und die deutsche Politik des Mittelalters hätte einen gänzlich anderen Verlauf genommen.

Eine Gedenktafel im Sterbeort des Kaisers, Breitenwang in Tirol, weist folgende Worte aus: „Hier starb Kaiser Lothar, welcher den Ruhm, den Glanz und das Ansehen des Deutschen Reiches wieder herstellte und dessen Grenzen, die Eintracht mit dem Papst treu bewahret und erweitert hat." Das Sterbehaus aus Holz wurde 1860 abgerissen.

Der Kaiser wurde in 25 Tagen von Tirol nach Lutter, also quer durch Deutschland vom Süden nach Norden, ungefähr 900 Kilometer , im Winter, ohne befestigte Wege transportiert, um ihn in der Silvesternacht beisetzen zu können. Die normale Reisegeschwindigkeit eines lebenden Kaisers schwankte damals zwischen 15 − 20 Kilometer pro Tag. Der Tote wurde in einer ungewöhnlich kurzen Zeit transportiert. In einer alten Beschreibung heißt es, die Leute wären am Wege nieder gekniet und hätten für den Kaiser gebetet. Wie der Tote transportiert wurde, ist nicht überliefert.

Nun noch einige Worte über die Politik des Kaisers.
Er hat von seinem Vorgänger ein schlimmes Erbe übernommen: Deutschland zerstritten, der

Kirchenkampf in vollem Gange, dazu kamen die Probleme mit den Staufern, die nach der Königswahl schlechte Verlierer waren. Die Ost- und Nordgrenzen des Reiches waren durch ständige Überfälle der Nachbarvölker gefährdet. Er schaffte in allen Punkten die Wende und betrieb dazu eine aktive Ostpolitik.

Die Handlungen des Kaisers wurden wesentlich beeinflusst durch das päpstliche Schisma, also durch die Tatsache, dass es zwei Päpste gab, von denen jeder der Rechte sein wollte.

1130 starb Papst Honorius der Zweite. Beim Sterben eines Papstes gab es häufig unwürdige Szenen. Es bestand die Regel, dass ein neuer Papst erst gewählt werden konnte, wenn der Verstorbene „unter der Erde lag". Um diese Forderung zu erfüllen, begann man schon während des Sterbens im Hof eine Grube auszuheben, gerade so tief, dass der Leichnam unter der Erde liegen würde. Der Papst hatte kaum seinen letzten Atemzug getan, so wurde er in ein Tuch gewickelt und in die Grube gelegt. Somit konnte die neue Papstwahl stattfinden. Die richtige Beerdigung fand dann später statt.

Bei der Wahl des neuen Papstes gab es in Rom Streit zwischen den großen Familien der Frangipani und der Pierleonie. Beide wollten den Nachfolger des verstorbenen Papstes stellen. Es wurden zwei Päpste gewählt, von verschiedenen Wahlversammlungen, und zwar Innozenz den II. und Anaklet den II. Anaklet, der Sohn einer

römischen Senatorenfamilie jüdischer Abstammung, war der offenbar Geschicktere. Er soll die Aristokratie von Rom bestochen haben und er hatte die meisten Truppen.
Innozenz wurde aus Rom vertrieben. Er zog mit großem Gefolge durch Norditalien, Spanien und Frankreich. Dabei warb er für sich. In diesem Wahlkampf wurde mit allen Mitteln gearbeitet. Man warf sich gegenseitig die schlimmsten Verbrechen vor, das ging bis zur Sodomie.
Der König von Frankreich berief eine Synode ein, um über das Schisma zu beraten. Man einigte sich auf Innozenz, als den Würdigeren von beiden. Die Wahl wurde weitgehend von einem französischen Abt beeinflusst, Bernhard von Clairvaux. Dieser Mann hat in der europäischen Politik des Mittelalters eine große Rolle gespielt, die in unserer Geschichtsbetrachtung zu wenig gewürdigt wird. Bernhard wurde auch von König Lothar zu Rate gezogen.
Die Synode bat den deutschen König Lothar, Innozenz in Rom in seine Rechte einzusetzen. Innozenz versprach dafür die Kaiserkrönung.

1132 zog Lothar mit einem kleinen Heer von ungefähr 1 500 Rittern nach Italien. Viele Fürsten und Bischöfe verweigerten sich. Vor dem Ausmarsch aus Deutschland kam es in Augsburg zu einem Streit und die Stadt wurde von Lothar zerstört. Lothar setzte ein Zeichen seiner Macht.

Der 1. Italienzug war kein ruhmreicher Feldzug. Viele große Städte hielten die Tore verschlossen. Für eine Belagerung oder einen Sturm war sein Heer zu schwach. Sogar von den kleineren befestigten Städten wurden die Deutschen verhöhnt und verspottet. — Aber er kam nach Rom.

Zur Einnahme des Petersdomes reichte seine Kraft nicht, denn dort saß Anaklet. Er bezog stattdessen den Arantin, die Burg Ottos des III. Im Lateran wurde er dann von Innozenz dem II. zum Kaiser gekrönt.

Auf Schleichwegen ging es zurück nach Deutschland. Mit dem Glanz der Kaiserkrone konnte er jetzt seine ganze Autorität entfalten und viele innenpolitischen Probleme lösten sich. — Er war auf dem Höhepunkt seiner Macht.

Zum nächsten Reichstag kamen Abgesandte aus ganz Europa, auch Byzanz und Venedig schickten Vertreter.

Papst Innozenz der II. wurde nach kurzer Zeit von seinem Gegenspieler Anaklet wieder aus Rom vertrieben und floh in die Lombardei. Anaklet, der in den Ländern Europas keine Unterstützung gefunden hatte, verbündete sich mit Roger dem II., dem Normannenkönig. Die Normannen hatten in Sizilien ein Reich gegründet. Roger war ein Schwager Anaklets und dieser machte ihn zum König.

Die Normannen fielen in Italien ein und eroberten das Land bis über Rom hinaus. Sie führten ein strenges Regiment. Lothar wurde noch einmal gebeten, die Ordnung in Italien wieder herzustellen. Wieder war es Bernhard von Clairvaux, der den Kaiser zum Eingreifen überredete.

1136 zog Lothar ein zweites Mal nach Italien. Nunmehr mit einem großen Heer von 6 000 Rittern. Er musste siegen, um seine Nachfolge zu sichern. Nach Überqueren der Alpen zogen zwei Heersäulen an beiden Küstenstreifen Italiens entlang. Das eine Heer wurde vom Kaiser, das andere von seinem Schwiegersohn geführt. In einem Siegeszug eroberten sie Italien zurück und trieben die Normann bis nach Sizilien.
Die Städte, die beim 1. Feldzug die Tore nicht geöffnet hatten oder das vorbeiziehende kleine Heer verspottet hatten, wurden hart bestraft.
Der Krieg wurde grausam geführt. Gefangene gab es kaum. Am härtesten war der Kampf mit den Sarazenen, den Ungläubigen. Sie kämpften als Soldtruppen für die Normannen und galten als die tapfersten Krieger der damaligen Zeit. Auch sie wurden geschlagen. Auf der Burg von Bari hatten sich die letzten noch lebenden Sarazenen verschanzt. Sie ergaben sich nicht und wurden zu Hunderten gehängt oder vom Felsen lebend in die Klippen geworfen.
Sarazenen war eine allgemeine Bezeichnung für Ungläubige, also Mohammedaner arabischen Ursprungs. Sie hatten in Sizilien ein Reich errichtet, wurden später von den Normannen

besiegt und als Soldtruppen übernommen. Der Kaiser wollte mit dem Heer nach Sizilien übersetzen, um die Normannen endgültig zu vernichten. Da brach eine Meuterei im deutschen Heer aus. Hitze und Seuchen führten zur Kampfmüdigkeit. Die Deutschen wollten nach Hause und nicht länger ihre Haut für den Papst zu Markte tragen. Die Rädelsführer der Meuterei mussten hängen, aber der Kaiser ordnete den Rückmarsch an. Wahrscheinlich spielte bei dieser Entscheidung der Gesundheitszustand des Kaisers eine Rolle, denn er ist kurz danach gestorben.

Mit seiner Frau besuchte er auf dem Rückmarsch noch das Kloster Montecassino; Richenza ging zu Fuß als Büßerin den steilen Berg hinauf. Beim gemeinsamen Essen mit dem Abt von Montecassino, einem Deutschen, sagte der Kaiser voller Todesahnung: „Es ist das letzte Mal, dass wir zusammen essen."

Auf dem weiteren Rückweg starb er dann am 4.12.1137 in einer Holzhütte im kleinen Dorf Breitenwang in Tirol. Im bayrischen Königsschloss Hohenschwangau ist die Sterbestunde auf einem Wandbild dargestellt.

Der Normannenkönig Roger fiel wieder in Italien ein, wurde aber vom kaiserlichen Statthalter Rainulf, dem sich 800 deutsche Ritter angeschlossen hatten, erfolgreich bekämpft. 1138 starb Anaklet und das Schisma war beendet.

Ein zweites, großes Problem, mit dem der Kaiser sich befassen musste, war der Investiturstreit. Dieser Streit entbrannte an der Frage, wer setzt die Bischöfe in Deutschland ein, der Papst oder der Kaiser ? Man ist geneigt, dem Papst das alleinige Recht einzuräumen, diese geistlichen Herren zu ernennen. Doch die Bischöfe hatten sich vielfach zu mächtigen, weltlichen Machtfaktoren entwickelt. Sie verfügten zum Teil über mehr Truppen als die Fürsten. Es war daher schon wichtig für den Kaiser, bei der Besetzung dieser Position ein Wort mitzureden.

Der Vorgänger Lothars, Heinrich der V., hatte mit dem Papst ein Konkordat ausgehandelt, welches für den Kaiser von Vorteil war. Nach dem Tode von Heinrich wurde dieses Konkordat so ausgelegt, als wäre es nur mit der Person Heinrichs und nicht mit der kaiserlichen Institution abgeschlossen. Lothar verhandelte zäh.

Bei der Kaiserkrönung erreichte er die doppelte Investitur, eine geistliche und eine weltliche. Er hatte damit die Möglichkeit, einem Kandidaten, der ihm nicht gefiel, die weltlichen Regularien zu verweigern.

Viel Kraft kostete Lothar der Kampf mit den Staufern. Friedrich von Schwaben hatte zwar nach seiner misslungenen Kandidatur für das Königsamt den Reichsfrieden beschworen, sein Bruder Konrad weigerte sich aber, das Reichsgut herauszugeben. Damit begann der Kampf, er dauerte 10 Jahre.

Konrad machte sich zum Gegenkönig und zum König von Italien, um sich damit in den Besitz der Mathildischen Güter zu setzen. Nachdem ganz Schwaben durch den Bayern Heinrich verwüstet war und Lothar als Kaiser aus Italien zurückkehrte, unterwarf er sich. Lothar vergab ihm, bestätigte ihn als Herzog und machte ihn zum Reichsfahnenträger. Er bauchte für seinen zweiten Italienzug jeden Krieger.

Nach dem Tode Lothars wurde Konrad durch eine nicht legale Wahl König. Der Grund zum Konflikt Staufer – Welfen war gelegt. Im Kampf zwischen König Barbarossa und Heinrich dem Löwen erreichte er seinen Höhepunkt. König Konrad versuchte durch einen geschickten Schachzug diesen Konflikt zu entschärfen. Nach dem Tode Heinrich des Stolzen warb er bei dessen Witwe Gertrud für seinen Bruder Heinrich (Jasomirgott). Die Ehe kam zustande. Heinrich wurde Markgraf von Österreich. Nur hatte man nicht mit Heinrich dem Löwen gerechnet, dem bei der Eheschließung noch kindlichen Sohn von Gertrud.

Trotz all dieser innen- und außenpolitischen Probleme betrieb Lothar noch eine aktive Ostpolitik. Die Grenzen mussten im Norden und Osten gesichert werden. Sie wurden von den Nachbarn immer wieder überschritten. Die Wenden besetzten Hamburg. Die Ranen, die auf der Insel Rügen lebten, eroberten das Land bis Lübeck. Auch bei den Dänen war es ständig unruhig.

Lothar schlug sie alle zurück und eroberte ihr Land. Er machte mit den Polen, Böhmen, Ungarn und Dänen Verträge, um deutschen Bauern Siedlungsmöglichkeiten zu geben. Waren sie zu diesen Verträgen nicht bereit, gab es Krieg. Das Ganze stand auch unter dem Zeichen der Christianisierung. Er setzte Adolf von Schaumburg im Osten ein. Albrecht der Bär bekam die Nordmark und Konrad von Wettin Meißen, sie wurden Markgrafen.

Das Ergebnis seiner Politik war eine Sicherung der Grenzen nach Osten und Norden. Sein Weg zum Frieden ging über viele Kriege. Für seine Zeit begründete er den erreichbaren Frieden für das Land und die Menschen. Sie nannten ihn Friedenskaiser.

Mit dieser Erzählung soll Lothar uns allen ein wenig näher gebracht werden, denn er war ein Mensch unserer engeren Heimat.

„Er was wol des riches Herre.
Bi im was der wride guot.
Die Erde nol in.
Er minnet alle goteliche ere
Unt behielt auch weltliche ere."

Kaiserin Richenza und Kaiser Lothar III.

Anno Domini 1137

Der Tod Kaiser Lothar III.

Dem Kaiser war der Heimweg lang.
Er war erschöpft und alt.
So kam der Tross in Breitenwang
dezembertags zum Halt.
Zurück vom Heereszug nach Rom
starb Lothar. Und es trug
nach Königslutter in den Dom
ihn heim ein Leichenzug.

Breitenwang/Reutte, den 12. Mai 1994
Bodo Krakowski

Quellenverzeichnis:

Franz Lüdtke:
„Kaiser Lothar"
Verlag Georg Stilke, Berlin, 1937

Reinhold Schneider:
„Kaiser Lothars Krone"
Insel-Verlag, Leipzig, 1937
Manesse-Verlag, Zürich, 1986

Ruth Hildebrand:
„Herzog Lothar von Sachsen"
Verlag Aug. Hax, Hildesheim

Wolfgang Petke:
„Kanzlei, Kapelle und königliche Kurie unter Lothar III."
Böhlau Verlag, Köln, Wien, 1985

Wilhelm Bernhardi:
„Lothar von Süpplingenburg"
Jahrbuch der Deutschen Geschichte, Leipzig, 1879

O. v. Heinemann:
„Lothar der Sachse und Konrad der III."
Halle, 1869

Philipp Jaffe:
„Geschichte des Deutschen Reiches unter Lothar III. von
Sachsen"
1843

Otto Kruggel:
„Lothar von Süpplingenburg"
1983

Kreuzgang, Nordflügel, Blick nach Osten

Als ich noch der Domführer war ….

25 Jahre lang habe ich Besucher durch den
Kaiserdom Königslutter geführt. Es waren
Gruppen aus Deutschland, England, Holland,
Frankreich, Österreich, Schweden, Polen,
Tunesien, Ukraine und den USA.
Jede Führung war für mich ein Erlebnis, Routine
kam nie auf.
In dieser langen Zeit gab es viele schöne und auch
kuriose Erlebnisse. Einige davon, die mir
besonders in Erinnerung geblieben sind, möchte
ich hier erzählen.

Hoher Besuch

Um die nachfolgende Geschichte richtig verstehen zu können, bedarf es einer Vorabinformation:
Die Mutter des Kaiser Lothars von Süpplingenburg, der im Kaiserdom Königslutter beerdigt ist, war eine geborene von Formbach aus bayrischem Adel.

Und nun die Geschichte:
In Braunschweig wurde vor einigen Jahre die Ausstellung „Heinrich der Löwe" gezeigt. Diese Ausstellung hatte überregionale Bedeutung. Viele Besucher aus den Städten, die Heinrich der Löwe gegründet hatte, kamen nach Braunschweig. So auch eine Gruppe aus München. Ihre Reise stand unter der Überschrift: „Auf den Spuren Heinrich des Löwen".
Nachdem die Gruppe die Ausstellung in Braunschweig besucht hatte, kamen sie am nächsten Tag nach Königslutter, um den Kaiserdom zu besichtigen. Die Führung wurde mir übertragen. Es war eine angenehme Führung, die Teilnehmer der Gruppe waren sehr interessiert.
Wir standen am Kaisergrab und ich erzählte von den drei Persönlichkeiten, die dort beigesetzt sind: Kaiser Lothar, seine Gemahlin Richenza und der Schwiegersohn des Kaiserpaares, Heinrich der Stolze von Bayern.

In der Besuchergruppe war eine Dame, die sehr intensiv und gezielt nach Einzelheiten aus dem Leben Kaiser Lothars fragte. Nun sind solche Fragen sehr selten, denn der Kaiser ist den meisten Besuchern wenig bekannt. Anders diese Dame aus München. Sie fragte und fragte und fragte.

Nachdem sie mich über eine Viertelstunde examiniert hatte, musste ich einfach fragen: „Gnädige Frau, warum fragen Sie so viel?"

„Erlauben Sie mal, ich heiße Hedwig von Formbach!"

Ich habe sofort stramme Haltung eingenommen, denn einem Mitglied der kaiserlichen Familie steht man nicht bei jeder Domführung gegenüber.

Trotzdem hatte ich den Eindruck, dass die Dame leicht verstimmt war, weil ich sie nicht gleich erkannt hatte.

Von den Vorfahren der Dame sollte noch berichtet werden, dass sie ihre Tochter dem Vater von Kaiser Lothar, dem Grafen Gebhardt von Süpplingenburg, nicht als Ehefrau geben wollten. Der Graf Gebhardt hat daraufhin seine zukünftige Frau kurzerhand geraubt.

Das waren noch Männer!

Klassentreffen

Die Besuchergruppe war als Klassentreffen angemeldet. Es waren 12 ältere Herren, die einen durchaus sportlichen Eindruck machten. Bei den Gesprächen im Verlauf der Führung stellte sich heraus, es war der Abiturientenjahrgang 1940 eines Jungengymnasiums, also Geburtsjahrgang 1921. Da dieser auch mein Geburtsjahrgang ist, hatten wir schnell persönlichen Kontakt.

Nach dem Abitur hatte sich ein Großteil der Klasse freiwillig zum Kriegsdienst bei der Reichsmarine gemeldet. Die Überlebenden des Krieges trafen sich regelmäßig einmal im Jahr zum Klassentreffen. In diesem Jahr war Königslutter mit dem Kaiserdom das Ziel.
Nach der Führung wurde ich von der Gruppe ins Dom-Café eingeladen. In der nachfolgenden Unterhaltung fragte ich nach den Dienstgraden, die sie als Abiturienten und damit als Offiziersanwärter während des Krieges erreicht hatten. Die Antwort: Vom Kapitänleutnant bis zum Kapitän zur See.

Aus dem Hintergrund kam der Hinweis: „Wir haben sogar einen Admiral dabei. Er sitzt neben Ihnen!" Auf meine Frage an meinen Nachbarn: „Darf ich sitzen bleiben?", die Antwort: „Bleiben Sie bequem!" Im weiteren Gespräch kam dann heraus, der ehemalige Admiral war mit Jahrgang 1919 der Älteste der Gruppe. Nun wurde ich hellhörig: „Wieso haben Sie dann erst 1940 Ihr Abitur gemacht?" Stimme aus dem Hintergrund: „Er ist sitzen geblieben!" Darauf erzählte mein Nachbar, dass seine Großkinder, zwei zwölfjährige Jungen, in seinem Schreibtisch gekramt hatten und dabei die Schulzeugnisse des Großvaters gefunden hatten. Voller Schadenfreude riefen sie: „Opa, Du bist ja einmal sitzen geblieben!" Der Opa erzählte dann der Gruppe: „Ich habe den Burschen die Zeugnisse sofort abgenommen, sonst hätten sie noch herausgefunden, dass ich zweimal sitzen geblieben bin!" Wieder die Stimme aus dem Hintergrund: „Ja, ja, es waren nicht immer die Schlauesten, die bei der Reichsmarine Admiral geworden sind!".

Kindermund

Domführungen mit Kindern waren immer aufregend. Es kamen viele Schulklassen, die im Landschulheim Langeleben einige Tage verbrachten.
Nur aus Königslutter kamen wenige Klassen. Bei den wenigen, die kamen, ergab sich häufig folgendes Zwiegespräch: Eines der Kinder kam schüchtern zu mir: „Ich soll Dich grüßen von meinem Opa!" Auf meine Frage: „Wie heißt denn Dein Opa?", die Antwort: „Den musst Du doch kennen, der kennt dich doch auch!". Auf meine nochmalige Frage kam dann meistens heraus, wir waren zusammen zur Grundschule gegangen oder wir kannten uns aus dem Sportverein.

Eine Führung mit einer Schulklasse aus Berlin ist mir besonders in Erinnerung geblieben. Die Kinder waren 9 – 10 Jahre alt. Zur Domführung gehört als Abschluss ein Gang zur 1000-jährigen Lotharlinde.
Die Linde ist im Innern völlig hohl und man kann an einigen Stellen durch große Löcher in das Innere des Baumes blicken. Zur Zeit dieser Führung hatten sich im Baum einige Fledermäuse einquartiert. Als die Kinder diesen Riesenbaum sahen, gab es nur ein lautes Gebrüll und fast alle waren oben. Das ist normalerweise verboten,

denn die Linde steht seit 1956 unter Naturschutz. Aber auf diesen plötzlichen Angriff war ich nicht vorbereitet. Die Kinder schauten durch ein Loch in das Innere des Baumes und da hingen die Fledermäuse. Sofortige Stille und alle kamen ganz bedeppert vom Baum herunter. Ich kam langsam nach und durch die plötzliche Stille hatte ich die Befürchtung, da war jemand vom Baum gefallen. Auf meine bange Frage: „Was ist denn passiert?" kam einer der Jungen auf mich zu und sagte mit ausgestrecktem Arm und Zeigefinger und mit ernstem Gesicht nur ein Wort: „Vampire!".

Am Schluss der Führung fragte der Vampir-Junge: „Sag mal, hast Du das alles auswendig gelernt?". Auf meine bejahende Antwort nickte er mir anerkennend zu und sagte wieder nur ein Wort: „Donnerwetter!".

Bei der Verabschiedung gab er mir mit treuem Blick die Hand mit den Worten: „Nun biste aber froh, dass de fertig bist!". Da kann man nur sagen: „Berliner Kinder!".

Eine Lehrerin aus einem größeren Nachbardorf war in jedem Jahr mit ihrer neuen Klasse in Langeleben und besuchte den Kaiserdom. Man kannte sich schon.

So eine Führung mit Kindern ist dem jeweiligen Alter der Kinder angepasst. Die Kinder dieser Klasse waren 9 – 10 Jahre alt. Sie mussten sich auf die Kirchenbänke setzen und ich begann die Führung:

„Wir sind hier im Kaiserdom. Die Kirche heißt Kaiserdom, weil hier ein Kaiser beerdigt ist. „Wisst Ihr, was ein Kaiser ist?". Kurzes Zögern, dann meldeten sich drei Jungen. Auf meine Aufforderung an einen der Jungen: „Na, was ist ein Kaiser?" Die Antwort: „Franz Beckenbauer!". Die anderen Kinder nickten zustimmend. – Ein besonderes Beispiel für moderne Geschichtskenntnis.
Dieser Führung hatte sich ein Ehepaar mit einem neunjährigen Jungen angeschlossen. Nachdem wir nochmals über den Kaiser Franz gelacht hatten, erzählte mir der Vater folgende Geschichte:
Kurz vor Beginn meiner Führung stand er mit seiner Frau vor dem Löwenportal. Die Kirchentür war offen und der Junge ging allein in die Kirche. Im Innern der Kirche war die Kirchenvögtin dabei, mit einem Staubsauger den Mittelgang der Kirche zu säubern. Der Junge verließ die Kirche wieder und sagte zu seinem Vater: „Papa, wir brauchen da gar nicht reingehen. Der Liebe Gott ist nämlich nicht zu Hause. Nur seine Frau ist da und die macht gerade sauber!".

Karolin

Eines meiner vier Großkinder heißt Karolin. Sie war schon als Kleinkind sehr am Kaiserdom interessiert. Als Sechsjährige musste ich sie schon durch den Dom führen: „Aber so, wie Du das bei den fremden Leuten auch machst." Wir standen am Kaisergrab und ich erzählte ihr eine Geschichte, die nicht zur offiziellen Führung gehört, aber für Kinder sehr spannend ist. „Karolin, wenn am Tage der Sommersonnenwende (nun musste ich erklären, was Sommersonnenwende ist) die letzten Strahlen der untergehenden Sonne um 18.00 Uhr durch das Fenster dort oben über der Orgel fallen, dann beleuchten diese Sonnenstrahlen das Gesicht des Kaisers." Ihre Augen wurden immer größer.

Zwei Jahre später, Karolin war in den Schulferien in Königslutter, hatte ich eine Domführung mit einer Gruppe von Kunstwissenschaftlern, die in Braunschweig eine Tagung hatten. Karolin kam mit. Bei der Begrüßung der Gruppe vor dem Dom stellte ich Karolin vor, mit der Bitte, ob sie an der Führung teilnehmen könne. Sie durfte.
Wir standen am Kaisergrab. Ich hatte die nötigen Informationen gegeben und wollte weiter zum Chor gehen. Plötzlich sagte Karolin, die bisher ruhig der Führung gefolgt war: „Opa, Du hast was

vergessen!". Ich wusste sofort, was sie meinte und wollte mit dem Hinweis, das gehöre nicht hierher, die Frage überspielen. Sie ließ nicht locker: „Opa, ich meine das mit den Sonnenstrahlen und dem Kaisergesicht!". Nun wurden die Herren aufmerksam. „Wir wollen alles wissen. Raus mit der Sprache". Ich musste die Gesichte erzählen und es entwickelte sich eine ausgedehnte Diskussion darüber.

Am Schluss der Führung sagte der Leiter der Gruppe, ein Professor: „Karolin, pass schön auf, der Opa vergisst in seinem Alter schon mal etwas."

Licht und Schatten

Eine Gruppe von US-Parlamentarier unter Führung eines Senators war zur Domführung angemeldet. Sie kam mit Dolmetscher. Als sie die Kirche betraten, waren sie von den Ausmaßen und der Innenarchitektur sehr beeindruckt. Als gläubige Christen fragten sie intensiv nach der Bedeutung der Ausmalung und der diversen Inschriften.
Bei der Verabschiedung sagte der Leiter der Gruppe in seinem rollenden Englisch: „Sie haben eine wunderbare Kirche. Ich möchte sie mitnehmen." Kurzes Zögern: „Ich glaube das passt nicht. Als diese Kirche gebaut wurde, war ja Amerika noch gar nicht entdeckt.".

Die Industriegewerkschaft „Metall" war im Hotel „Königshof" in Königslutter zum Seminar. Zum Programm gehörte auch eine Führung durch den Kaiserdom. Der Gewerkschaftssekretär brachte die Gruppe zum Dom, nahm aber nie an den Führungen teil.
Beim dritten Treffen, man kannte sich inzwischen beim Namen, frage ich ihn: „Wollen Sie nicht mit in die Kirche kommen?". Seine Antwort: „Ich hätte ein schlechtes Gewissen, denn ich bin nicht Mitglied der Kirche." Da konnte ich mit dem Hinweis helfen, dass die Kirche nicht Eigentum der Institution Kirche ist, der Eigentümer sei eine

Stiftung. Nunmehr nahm er an der Führung teil. Der Höhepunkt der Führung ist, neben dem Kreuzgang, der Ostteil der Kirche, der älteste und schönste Teil. Und hier sind es besonders die Reste der Originalmalerei aus dem 12. Jahrhundert und die zwei Prachtkapitelle. Am Schluss der Führung sagte der Sekretär mit einem Augenzwinkern: „Noch ne Viertelstunde und ich wäre wieder Mitglied der Kirche geworden. Vielleicht klappt es beim nächsten Mal."

Der Kultusminister von Niedersachsen mit seinem Staatssekretär kam zur Domführung. Nach dem Betreten der Kirche standen sie stumm vor dem weiten Raum und den riesigen Gewölben. Der Minister sagte: „Warum sind wir hier noch nie gewesen!" Am Kaisergrab gab ich einen kurzen Abriss über das Leben und Wirken des Kaisers. Der Minister fragte: „Woher wissen Sie das alles?" Ich erzählte, dass ich im Verlauf meiner Domführertätigkeit einen Kurzvortrag über Kaiser Lothar erstellt habe und überreicht die dazugehörige Literaturliste. Beide Herren baten um eine Kopie dieses Vortrages.
In den nächsten Tagen habe ich die Kopien übersandt und erhielt postwendend zwei persönliche Dankschreiben.
Ob sie wohl den Aufsatz gelesen haben?

Neben vielen positiven Reaktionen gab es auch viel Kritik. Wenn Reisegruppen aus dem süddeutschen Raum kamen, musste man immer wieder anhören: „Wenn diese Kirche in Bayern stände, sähe sie im Innern anders aus." Da nützte auch der Hinweis nichts, dass wegen der Feuchtigkeit im Mauerwerk eine Restaurierung noch nicht möglich wäre.

Der Höhepunkt der Kritik kam von einem katholischen Pfarrer aus Köln, der mit seiner Gemeinde den Dom besuchte. Am Schluss der Führung sagte er zu mir: „Es ist erschreckend, was fünfzig Jahre Sozialismus aus dieser Kirche gemacht haben." Auf meinen Hinweis, dass die Grenze der ehemaligen DDR 20 km weiter im Osten verlief, hat er sich schnell verabschiedet.